구상부터 출시까지
카카오톡 A급 작가의 4주 특강

읽으면 진짜
이모티콘으로
돈 버는 책

구상부터 출시까지 카카오톡 A급 작가의 4주 특강

읽으면 진짜 이모티콘으로 돈 버는 책

임선경 지음

위즈덤하우스

PROLOGUE

PROLOGUE

▼

카카오톡 이모티콘,
오늘 하루 얼마나 사용하셨나요?

오늘 하루 친구들 또는 가족과의 대화 속에서 '이모티콘'을 얼마나 사용하셨나요?
아마 습관처럼 여러 이모티콘을 사용하셨으리라 생각합니다.
"안녕~" "행복해져라!" "그댄 나의 보물! 사랑해요" 재미있고 사랑스러운 이모티콘들이 어느덧
우리 삶에 깊숙이 들어왔어요. 이모티콘 하나면 구구절절한 문장 대신 센스 있는 대답이 되기도
하고, 일일이 타자를 치는 대신 훨씬 효율적으로 감정을 표현할 수 있지요.
무엇보다 말 못하는 감정들을 대신할 수 있으니 이모티콘의 사용량이 점점 더 늘어나는 것은
당연합니다. 요즘은 또 재미있는 이모티콘들이 워낙 많아서 유료 이모티콘의 경우 가벼운
선물로도 많이 활용되고 있어요. 기업체에서 새로운 사업을 홍보할 때에도 이모티콘 선물
이벤트가 비용 대비 가장 효과가 좋다고 합니다. 매일 가볍게 보내던 이모티콘이 이렇게 큰
영향력을 갖고 있었다니, 이모티콘의 커진 힘에 새삼 놀라게 됩니다.

PROLOGUE

▼

안녕하세요.
저는 지금까지 총 98개의
이모티콘을 출시해 억대 연봉을
받고 있는 이모티콘 작가입니다.

저는 2013년에 첫 출시한 "너를 만나 행복해" 이모티콘에 이어서 "쿠키와 뚜기"
"해피톡톡" "또치와 소녀의 일상" "사랑하는 그대에게" "귀요미 꼬꼬마 삐오" 등 98개의
이모티콘을 출시했습니다.
제 이모티콘은 카카오톡과 네이버 밴드, 그리고 중국 텐센트와 우리은행 위비톡에 론칭되어
있어요. 처음 론칭한 "사랑하는 그대에게"는 놀랍게도 오픈 일주일 매출이 대기업 연봉을 훨씬
뛰어넘을 만큼 많은 사랑을 받았어요.
처음 기획할 때만 해도 제 기획이 요즘 트렌드와 맞지 않는다며 부정적으로 생각하는 분들이
주변에 꽤 있었어요. 하지만 출시 이후 생각보다 많은 분들에게 사랑을 받으며 시리즈 이모티콘,
시즌 상품까지 출시하게 되었죠. 익살맞고 독특한 이모티콘들이 대세인 현재의 이모티콘
시장에서 감성적이고 따뜻한 이모티콘을 선호하는 분들이 제 이모티콘을 많이 사랑해주신
덕분이라고 생각합니다.
이모티콘 시장은 이처럼 트렌드나 주변 시선을 의식하지 않은 자기만의 기획으로 성공할 수
있는 기회가 숨겨진 비옥한 땅입니다. 그동안 사람들이 미처 몰랐던 콘셉트의 이모티콘을
출시하게 된다면 누구나 제 2의 수입을 얻고 대기업 연봉까지 받을 수 있어요.

• 그동안 임선경 작가가 출시한 이모티콘 •

사랑하는 그대에게 Ver.5

사랑하는 그대에게 겨울이야기

참 소중한 그대에게 Ver.3

사랑하는 그대에게 Ver.2

사랑하는 그대에게

귀요미 꼬꼬마 삐오

커피프린스 해피톡톡

그레이스 해피톡톡

또치와 소녀의 일상

너를 만나 행복해 겨울이야기

쿠키와 뚜기의 해피톡톡

너를 만나 행복해

PROLOGUE

▼

이모티콘 작가,
그림을 잘 그려야 하냐구요?
'낙서가 취미' 정도인 사람이라면
누구나 이모티콘 작가가 될 수 있습니다.

'이모티콘 작가'라고 하면 이렇게 생각하실 수도 있어요. '이모티콘 사용하는 데는 관심이
많지만, 직접 만드는 일은 나와 상관없는 일이야' '이모티콘이라니, 그건 그림 잘 그리는
사람들이 하는 것 아니야?'라고요.
하지만 낙서를 좋아하고, 약간의 열정과 기획력만 있다면, 여러분도 얼마든지 이모티콘 작가가
될 수 있어요. 제 아들 이야기를 좀 들려 드릴게요.
제 아들은 미술 전공자도 아니고, 그림을 그려본 적도 없었어요. 하지만 제가 작업하는 것을
보고 용기를 내서 이모티콘에 도전했고, 2017년 6월에 "제제의 발그림, 이초티콘"을 론칭했어요.
사람들은 처음에 "제제의 발그림"을 보고 '내가 저 그림보다는 더 잘 그릴 수 있겠다'는 반응도
보였지만, 현재는 미술 전공자인 엄마를 위협하는 이모티콘 작가로 성장했어요. 2017년 12월에
카카오 6주년 인포그래픽에서 제제 주영성은 주목할 만한 신규 작가로 소개되기도 했습니다.
수입이야 말할 것도 없구요.
이렇듯 미술 전공자나 그림을 잘 그리는 사람이 아니라도 열정만 있으면 누구나 얼마든지
이모티콘 작가가 될 수 있어요.

• 비전공자인 대학생 아들이 만든 이모티콘 •

영혼 없는 토끼

제제의 발그림, 이초티콘

제제의 발그림, 이초티콘 2

홍?학!

PROLOGUE

▼

1,000억 원 규모의 이모티콘 시장, 아직 늦지 않았습니다. 여러분도 '이모티콘 작가'에 도전해보세요

국내 이모티콘 시장은 최소 1,000억 원 규모로 추산될 정도로 커졌습니다. 또한 누구나 이모티콘 제작이 가능해지면서 부업 혹은 취미로 이모티콘을 만드는 창작 활동이 가능하답니다. 유료 결제용 메신저 이모티콘은 2011년 카카오톡에 처음 도입되었어요. 2017년 현재 이모티콘의 월평균 발신 수는 20억 건으로 하루 1,000만 명의 카카오톡 이용자가 텍스트를 대신해 이모티콘으로 대화를 주고받고 있어요. 카카오톡이 조사한 결과에 따르면 국민의 절반에 해당하는 2,700만 명이 이모티콘을 사용하고 있다고 하니, 크기가 작은 이모티콘이지만 그 위력이 어마어마하지요.

카카오톡 이모티콘 시장의 경우 6년 만에 900배 성장을 이뤘다고 합니다. 이모티콘은 이제 국내에서 약 1,000억 원 규모의 시장을 형성했습니다. 전 세계를 통틀어서는 5,000억 원대의 시장이 형성된 것으로 추측되는 큰 시장이에요.

게다가 이모티콘은 캐릭터를 기반으로 팬시사업 등으로 확장할 수 있어 1인 기업으로도 확대가 가능한 매력적인 시장이기도 합니다. 이렇게 매력적인 이모티콘 시장에 여러분도 여러분만의 개성 있는 이모티콘으로 제안을 해보는 건 어떨까요?

저를 잘 따라오신다면 결코 어렵지 않아요. 4주면 충분합니다.

• 카카오톡 이모티콘 상품 수 〈단위 : 개〉•

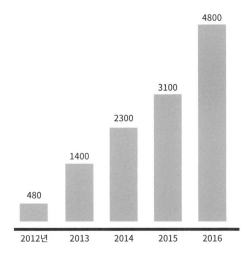

6년된 '카카오 이모티콘' 매달 20억 건 사용,
상품 900배 성장

_한국경제(17년 11월)

• 이모티콘 구매자 수 〈단위 : 만명〉•

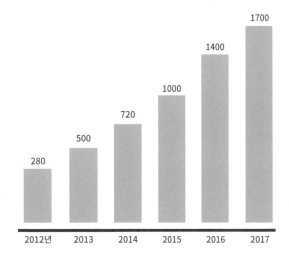

이모티콘 창작 소득 상위 10명 평균 수익 18억!
'황금알' 부업, 취미로 관심 커져

_디지털타임스(17년 7월)

*자료 : 카카오

▼

4주면 완성되는
이모티콘 만들기!
저와 함께 시작해볼까요?

과거에는 인기 작가와 업체만 이모티콘 시장에 입점할 수 있었어요. 그러나 이제는 누구나
입점할 수 있어요. 연령, 학력, 자격과 조건 없이 미성년자를 포함한 남녀노소 누구에게나
동일한 이모티콘 상품 제안서를 받고 있어서 여러분도 이모티콘 작가로 등단하실 수 있답니다.
이모티콘은 생각보다 어렵지 않아요. 이모티콘 캐릭터를 잘 그려야 할 필요도 없고 대단한
메시지를 담고 있어야 하는 것도 아니에요. 여러분이 카카오톡에서 자주 쓰는 대화를 그림으로
표현하면 이모티콘이 됩니다. 사실적으로 묘사된 잘 그린 캐릭터보다는 여러분의 생각을 잘
표현한 특별한 이모티콘을 만들어보세요.
이모티콘 시장은 인지도 있는 캐릭터 이모티콘보다 쓰고 싶고 매력적인 이모티콘 상품에 더
긍정적인 반응이 있기 때문에 기존에 알려지지 않은 캐릭터라도 첫 창작 캐릭터로 제안하는
것이 불리하지 않아요. 최근에는 나만의 느낌이 담긴 캐릭터 이모티콘이 인기를 끌면서 점점
더 개성 있고 다양한 이모티콘들이 출시되고 있습니다. 이렇게 만들어진 매력적인 이모티콘
상품에 대중들의 관심이 쏟아지고 있는 추세여서 틀에 갇혀 있지 않고, 열정을 가진 분들이라면
이모티콘을 제안하기에는 좋은 기회예요. 내가 만든 이모티콘을 많은 사람들이 알아보고
좋아해주고, 또 사용하면서 경제적인 수익도 창출할 수 있으니 이보다 더 좋을 수는 없죠.
자! 이제 도전할 준비 되셨나요?

• 카카오톡 이모티콘 만들기 4주 플랜 •

	월	화	수	목	금	토	일
	1	2	3	4	5	6	7
첫째 주	**이모티콘 기획하기** • 나에 대해 생각해보기 • 콘셉트, 타깃에 따른 나만의 기획해보기						
	8	9	10	11	12	13	14
둘째 주	**이모티콘 캐릭터 만들기** • 나만의 이모티콘 캐릭터 만들기 • 캐릭터 색상 정하기						
	15	16	17	18	19	20	21
셋째 주	**이모티콘 그림 그리기** • 이모티콘 제안용 24안 스케치 • 이모티콘 제안용 24안 캐릭터 그리기						
	22	23	24	25	26	27	28
넷째 주	**이모티콘 제안하기** • 애니메이션 3종 만들기						
	29	30	31				
다섯째 주	**이모티콘 제안 결과 확인하기**						

CONTENTS

PART 3

셋째 주, 이모티콘을 그려보자

PART 4

넷째 주, 이모티콘 제안과 상품화의 모든 것

PART 1

첫째 주, 매출 1위 이모티콘 '기획'의 비밀

처음으로 이모티콘을 만들게 된 여러분!

앞으로 총 4주간의 과정을 통해 이모티콘을 만들어 출시하게 될 거예요.

1장에서 다룰 첫째 주에는 이모티콘의 종류를 알아보고

어떤 이모티콘을 만들어볼지 생각하는 시간을 가져볼 거예요.

그리고 여러 종류의 이모티콘 중 내가 잘 만들 수 있는 이모티콘을 선택해

콘셉트에 따른 나만의 이모티콘 기획에 들어갑니다.

자! 준비되셨죠?

Study 01

나를 잘 알면 이모티콘도 잘 만들 수 있다

저는 이모티콘 출시 후 주변에서 그림이 따스해서 좋다는 이야기를 많이 들었어요. 하지만 한편으로는 제 그림이 너무 착해 보여서 재미없다며 요즘 유행하는 과격하고 과장된 스타일의 이모티콘을 그리는 게 좋겠다는 말도 들었어요. 과장되고 과격한 스타일은 제가 추구하는 콘셉트나 저의 분위기가 아니었지만 유행하는 이모티콘을 제작하고자 말장난 톡을 만들어 제안했던 적이 있습니다. 그런데 인기가 있는 추세의 이모티콘이었음에도 불구하고 카카오에서 이 상품은 출시할 수 없다는 답변을 듣고 말았습니다. 그림에는 그린 사람의 성격과 스타일이 담기게 돼서 제가 그리는 이모티콘은 과격하고 과장된 분위기를 표현하기에는 어울리지 않았던 거죠. 그래서 인기 있는 이모티콘을 따라 하는 것보다는 제가 가장 잘 표현할 수 있는 캐릭터의 이모티콘을 만드는 것이 좋겠다고 생각했어요. 차별화된 나만의 캐릭터로 '최고best'가 아닌 '오직 하나only one'가 되는 이모티콘을요!

제 자랑은 아니지만 어려서부터 착하다는 말은 많이 들은 편이라 착하고 상냥한 성격의 이모티콘 캐릭터를 잘 제작할 수 있으리라고 생각했어요. 현 시대에 맞지 않는다며 모두가 반대했던 콘셉트였죠. 하지만 제가 가장 자신 있게 만들 수 있는 캐릭터를 고민하고 기획해서 '뽀그리 아가씨' 캐릭터로 이모티콘을 작업하게 됐어요. 그렇게 만들어진 이모티콘 "사랑하는 그대에게"는 출시 후 1개월 만에 1억 원 이상의 매출을 기록하며 사랑받게 되었답니다. '개성 없어 보인다' '요즘 트렌드에 맞지 않다'는 평가를 들어도 결국은 나다운 것이 가장 개성 있고 매력적입니다. 지금 유행하고 있는 이모티콘의 추세보다는 가장 나다운 개성을 찾아 용기를 내어 도전해보세요!

GOOD

▼

· 출시 1개월 만에 1억 매출! "사랑하는 그대에게" 이모티콘 ·

BAD

▼

· 유행하는 스타일을 따랐다가 미승인된 말장난 톡 ·

Study 02

나는
어떤 사람일까?

나다우면서도 가장 개성 있고 매력적인 '오직 하나only one'뿐인 이모티콘을 만들기 위해서는 어떻게 해야 할까요? 가장 먼저 나는 어떤 사람인지 생각해보면 좋아요. 자신이 어떤 사람인지 알게 되면 나만의 캐릭터를 만드는 데 도움이 됩니다.

세계적인 캐릭터 '스누피'의 작가 찰스 슐츠Charles Schulz는 작고 왜소한 체구에 수줍음이 많은 외톨이로 전 과목을 낙제한 열등생이었다고 해요. 그런 자신의 모습을 만화 〈피너츠〉에 '찰리 브라운'이라는 캐릭터로 등장시켜 전 세계 수많은 사람들에게 사랑을 받았어요.

청력을 잃은 구경선 작가는 어떤가요? 청력이 가장 발달한 동물인 토끼를 선택해 자기 대신 세상의 소리를 많이 들어주었으면 하는 바람으로 '베니'라는 캐릭터를 만들어냈습니다.

저 역시 이모티콘 "사랑하는 그대에게"의 '뽀그리 아가씨' 캐릭터에 제 모습을 넣었어요. 노란 파마머리에 원피스를 입어 더러는 알프스 소녀 같다고 하지만 실상은 허당 장군인 저의 모습을 말이에요. 그리고 사람들에게 말 건네는 것을 어려워하지 않고 조곤조곤 공손하게 말하며 환하게 잘 웃는 저의 특징을 "사랑하는 그대에게" '뽀그리 아가씨' 캐릭터에 담았어요.

여러분도 자기 자신을 반영한 매력적인 이모티콘 캐릭터를 만들어보고 싶지 않은가요? 자신의 모습을 되돌아보고 남과 다른 나의 개성을 찾아보세요.

남과 다른 나의 모습에 대해 적어보기

• 나는 어떤 사람인가요? 내가 보는 나에 대해 적어보세요.
  (나이, 성격, 대인관계, 자주 쓰는 나만의 유행어, 외모, 패션, 대인관계, 헤어스타일 등)

• 사람들은 나에 대해 어떻게 이야기하나요? (별명, 성격, 말투 등)

• 내가 좋아하는 것은 무엇인가요? (자연, 음식, 소품, 장소, 음악 등)

• 나를 표현할 만한 동물이 있다면 어떤 동물일까요? (생김새나 성격을 닮은 동물)

Study 03

내가 가장 잘 만들 수 있는 이모티콘은 무엇일까?

이모티콘은 크게 '움직이는 이모티콘'과 '멈춰 있는 이모티콘'이 있어요.

'움직이는 이모티콘'은 이모티콘에 움직임이 있어요. 움직임을 통해 내가 전달하고 싶은 감정과 메시지를 재미있게 표현하는 것이 중요합니다. 각각의 이모티콘에 어울리는 모션을 담아 작은 애니메이션을 만든다고 생각하시면 됩니다.

'멈춰 있는 이모티콘'은 이모티콘에 움직임이 없어요. 하나의 멈춰진 이미지를 통해 전달하고 싶은 감정과 메시지를 재미있게, 그리고 직관적이고 명확하게 표현하는 것이 중요합니다.

요즘에는 움직이는 이모티콘을 많이 사용하는 추세지만 독특한 콘셉트만 있다면 멈춰 있는 이모티콘도 많은 사랑을 받을 수 있어요. "목이 길어 슬픈 짐승" 이모티콘의 경우 목이 긴 다양한 동물들을 머리, 목, 몸통을 나눠 그린 이모티콘으로, 그림을 다양하게 조합할 수 있어 인기를 얻었어요.

비슷한 듯 미묘하게 다른 표정으로 인기를 끈 "밍밍이들" 이모티콘 역시 멈춰 있는 그림의 이모티콘이었죠. 멈춰 있는 이모티콘은 움직이는 이모티콘이 즐비한 시장에서 틈새시장으로 작용할 수 있어요. 어떤 이모티콘으로 시장의 주목을 받을지 고민해보세요.

· 움직이는 이모티콘의 예 ·

애니메이션 내용: 풍선이 점점 커져 하트 모양이 된다

애니메이션 내용: 화살을 쏘면 화면이 바뀌며 메시지가 나타난다

· 멈춰 있는 이모티콘의 예 ·

움직이는 이모티콘과 멈춰 있는 이모티콘 중 어떤 이모티콘을 만들지 결정하셨나요?

그렇다면 이제 이모티콘 캐릭터를 생각해볼 차례예요. 이모티콘 캐릭터의 경우 인간, 동물, 식물, 그리고 기타 사물이 주인공이 될 수 있어요.

인간형 캐릭터의 경우 소비자에게 호감을 주기 쉽고 친근감을 높여줘 활용도가 높아요. 아이부터 소녀, 연인인 남녀, 아줌마, 직장인 등 다양한 캐릭터들이 있는데, 귀엽게 보이고 인물 표정을 강조하기 위해 2, 3, 4등신을 많이 사용합니다.

동물형 캐릭터의 경우 개, 고양이, 곰, 토끼가 많이 사용되지만 돼지, 다람쥐, 펭귄, 햄스터, 너구리 등 다양한 동물을 단순화하고 의인화해서 현실에서 있을 수 없는 새롭고 도전적인 이미지를 만들기도 해요.

또 식물형 캐릭터는 많지는 않지만 꽃이나 과일, 채소를 의인화하는데 바나나를 캐릭터로 만든 "바나나떨이 이처넌" 이모티콘의 경우처럼 재미있게 표현할 수 있어요. 마지막으로 기타형 캐릭터는 생명이 없는 빵이나 과자 등의 인공물을 유머러스하게 의인화하는데 "제제의 발그림 이초티콘"의 비엔나, 슬라임이나 "그것들의 생각-책상편" 등의 이모티콘으로 살펴볼 수 있습니다.

이처럼 다양한 이모티콘 캐릭터들이 이미 존재하지만 특별한 것은 항상 여러분 가까이에 있어요. 저는 수년간 고슴도치를 반려동물로 키우면서 고슴도치의 성격을 잘 알고 있었어요. 그래서 고슴도치를 캐릭터로 만들어 "또치와 소녀의 일상"이라는 이모티콘으로 출시했어요. "귀요미 꼬꼬마 삐오" 이모티콘을 만들 때는 버림받은 아기 길고양이를 입양해 키우고 있던 때라 저희 집 노란 고양이인 노아를 캐릭터로 함께 만들기도 했죠.

"사랑하는 그대에게" 두 번째 버전에서는 제 아들을 영리하고 약삭빠르며 사랑꾼인 늑대로 표현하여 스토리를 만들기도 했고요.

여러분도 자신의 모습을 캐릭터화하거나 여러분 주변의 지인이나 반려동물의 모습을 캐릭터화해보세요. 전혀 모르는 새로운 캐릭터를 만들어 성격을 창조하기보다는 나와 꼭 닮거나 내가 원하는 '나만의 캐릭터'를 만들어보는 거예요.

눈, 코, 입, 머리스타일뿐만 아니라 성격까지 쏘옥 닮은 '나만의 캐릭터'를 작업해보세요.

· 사물을 의인화한 이모티콘의 예 ·

바나나떨이 이처넌
BANA&NANA
ⓒIMBONG

제제의 발그림 이초티콘

그것들의 생각-책상

· 동물을 의인화한 이모티콘의 예 ·

또치와 소녀의 일상

귀요미 꼬꼬마 삐오

사랑하는 그대에게 버전 2

Study 04

콘셉트에 따라
달라지는
나만의 기획

이모티콘 스토어에는 많은 콘셉트의 이모티콘 상품이 오픈되어 있습니다. 그림에 정답이 없듯이 이모티콘 콘셉트에도 절대적인 것은 없지만 캐릭터를 주인공으로 24개의 상황이나 감정을 대신 표현해줄 텍스트를 그린 콘셉트가 보편적이고 제일 많아요. 하지만 실험적인 콘셉트의 이모티콘들도 있습니다.

24개 시안이 모두 같은 동작으로 텍스트만 다른 콘셉트인 "대충하는 답장" "막말하는 물꼬기들" 등의 이모티콘도 있고요. 또 텍스트가 동일한 콘셉트인 "언제나 놉놉" 이모티콘이 있습니다. 그런가 하면 텍스트 없이 캐릭터만 내세운 콘셉트인 "하찮은 오리너구리" 같은 이모티콘도 있지요.

이처럼 나만의 다양한 실험 방식의 콘셉트로도 이모티콘을 기획할 수 있답니다.

• 실험적인 콘셉트로 인기를 끈 이모티콘의 예 •

대충하는 답장   막말하는 물고기들   언제나 놉놉   하찮은 오리너구리

카카오톡 이모티콘의 경우 24개 안을 제시하는 경우가 일반적이기 때문에 24개 안에서 최대한 다양한 메시지를 쓸 수 있으면서 나만의 매력을 어떻게 전달할 수 있을까 고민해야 합니다. 또 기존 이모티콘 상품과의 차별성도 생각해야 해요.

"맞춤법 파괴왕 밍밍이" 이모티콘의 경우 최근 유행한 맞춤법 실수를 메시지로 담아 재미있는 이모티콘을 만들었어요. "사랑하는 그대에게" 이모티콘의 경우는 공손하고 예의 바른 행동을 긍정적인 메시지와 존댓말의 착한 콘셉트로 제작했습니다.

또 기존의 퀄리티 있는 이모티콘 대신 막 그린 낙서와 같은 콘셉트의 이모티콘으로 기획한 것이 "제제의 발그림 이초티콘"이었어요. 소위 '발그림'이라고 부를 만한 그림으로 2초 만에 완성해 '이초티콘'이라 이름 붙인 콘셉트였죠.

많이 판매된 이모티콘과 비슷하게 제작된 상품은 그 상품과 유사한 이모티콘을 이미 가지고 있는 사람들에게 매력이 없어요. 유행 이모티콘을 베끼거나 따라 그리기보다는 나만 표현할 수 있는 이모티콘을 만드는 것이 중요합니다. 여러분은 어떤 콘셉트의 이모티콘을 기획해보고 싶으신가요?

· 기존 콘셉트를 뒤집은 이모티콘의 예 ·

사랑하는 그대에게 　　　　　　제제의 발그림 이초티콘

Study 05

내 이모티콘을 쓸 사람들은 누굴까?

카카오톡 이모티콘 스토어에는 매일 세 가지 파트로 분류한 연령별 인기 순위가 올라와요.

그래서 전체, 10~20대, 30~40대의 연령별로 인기 순위를 볼 수 있어요. 인기 순위를 보면 연령별로 이모티콘 선호도가 확실히 다르다는 것을 알 수 있습니다. 그래서 타깃을 세부화해 이모티콘을 제작하는 것이 인기와 매출에 도움이 돼요.

타깃의 세분화는 크게 연령별(1020세대, 3040세대), 성격별(과격한, 잔잔한), 취향별(여성적인, 남성적인)로 나눠볼 수 있습니다. 그렇다면 연령별로 어떤 콘셉트의 이모티콘을 좋아하는지 알아볼까요?

먼저 1020세대는 실험적이고, 미니멀한 그림을 선호해서 새롭고 감각적인 그림으로 효과를 넣어 표현해야 해요. 또 이모티콘 활용도가 다른 연령대에 비해 상대적으로 높기 때문에 메시지가 분명하지 않아도 됩니다. 반면 3040세대는 유머가 있고 메시지가 명확해야 하며 따뜻한 계열의 색상이 있는 화려한 그림을 좋아해요.

과격한 표현을 지양하는 30대 이상 여성들은 애교 많고 예의 바르고 착한 성격의 캐릭터들을 좋아합니다. "사랑해요 고마워요" 이모티콘과 제가 만든 "사랑하는 그대에게" 이모티콘이 대표적이죠. 또 직설적인 표현과 정면을 응시하는 표정으로 출시할 때마다 인기 이모티콘에 오르는 OK툰의 "강려크한 그녀들의 커플톡"은 10대~20대 연인들을 타깃으로 한 대표적인 이모티콘이에요. 10대, 20대를 타깃으로 한 이모티콘으로는 자유롭고 유머러스하며 즉흥성이 강한 "흥?학!" 이모티콘도 있지요.

여러분이 만든 이모티콘은 누가 쓰게 될까요?

연령대를 크게 10~20대, 30~40대, 50~60대로 나눠보고 여
자와 남자 중 어느 성별이 더 많을지, 또 그들의 성격은 애교가
많은지, 시크한지, 유머러스한지, 과장하는지, 정중한지 등등
여러 방면으로 생각해보세요. 이모티콘 사용 연령층을 역으로
생각하며 콘셉트를 고민해보는 방법이지요.

• 타깃에 따라 달라지는 이모티콘 •

사랑하는 그대에게

흥?학!

내가 작업할 이모티콘의 타깃에 대해 적어보기

• 내가 만든 이모티콘은 누가 제일 많이 살까요?
  (예) 30대 직장인 남자, 40대 워킹맘, 20대 대학생들, 연애 초기인 사람들 등

• 그들의 특징이나 성격은 어떤가요? (예) 과격하다, 즉흥적이다, 공손하다, 예의 바르다 등

• 그들이 즐겨 쓰는 말투는 무엇인가요? (예) 친구들과의 가벼운 말투, 직장에서의 공손한 말투, 가족들과의 따뜻한 말투 등

• 그들이 좋아하는 것은 무엇인가요? (예) 좋아하는 사람들과의 식사 모임, 술자리, 등산, 여행, 독서 등

Study 06

재미 두 배,
즐거움 두 배!
소품의 구성

이모티콘 캐릭터의 성격을 구체화하거나 다양하고 풍성한 스토리를 통일성 있게 꾸리고 싶다면 친구나 소품을 사용하면 좋아요. "귀요미 꼬꼬마 삐오" 이모티콘을 만들 때는 삐오의 친구로 노란 고양이 노아를 만들어 메시지를 함께 표현할 상황과 동작을 만들었어요.

또 희망을 상징하는 일곱 무지개를 소품으로 사용하여 애니메이션 스토리를 풀어 나갔어요. 삐오가 무지개떡을 먹으며 "맘마 드세요"라고 하거나 "합격" "정답"이라는 멘트 대신 무지개 실로폰으로 "딩동댕" 하고 소리 내는 애니메이션을 만들었죠. 또한 삐오가 무지개 미끄럼틀을 타고 나와 인사를 한다든지 무지개를 이끌며 날다가 밤이 되는 스토리를 추가해 '무지개'를 소품으로 이모티콘이 풍성해지도록 했어요.

여러분이 만든 이모티콘에 어떤 소품을 사용하면 캐릭터의 성격이 분명해지고 스토리를 풀어나가기 좋을지 생각해보세요.

• 친구를 등장시켜 풍성해진 이모티콘 상황 표현 •

• 무지개 소품을 활용한 이모티콘 표현 •

/ SKETCH /

지금까지의 수업을 떠올리며
내가 작업할 이모티콘 캐릭터를 그려보고
캐릭터의 친구나 소품도 생각해 그려보세요

Study 07

자주 쓰는 멘트와 표현

여러분이 가장 많이 사용하는 이모티콘 표현에는 무엇이 있나요?

과연 사람들은 자신의 상황과 감정을 대신해줄 이모티콘 중 어떤 표현을 가장 자주 사용할까요? 자주 사용하는 표현들은 이모티콘 타깃에 따라 다양하게 나뉘며 구체적인 상황보다는 대화 맥락에 맞게 사용됩니다.

이모티콘이 가장 많이 사용되는 경우는 첫째 상황을 전할 때, 둘째 감정을 전할 때, 셋째 인사를 대신할 때입니다. 각각의 경우 가장 많이 사용하는 표현들을 알려드릴게요.

상황을 전하는 표현

'배고파요' '속상해요' '힘들어요' '피곤해요' '졸려요' '식사하세요' '뭐해요?' '심심해요' '기다려주세요' '운동 중이에요' '어디야?' '가고 있어요'

감정을 전하는 표현

'사랑해요' '화나요' '슬퍼요' '기뻐요' '외로워요' '신나요' '고마워요' '좋아요' '싫어요' '오케이' '보고 싶어요' '죄송해요' 'ㅎㅎㅎ' 'ㅋㅋㅋ' '아파요' '몰라요' '답답해요' '휴우' '헉!' '메롱'

인사를 전하는 표현

'안녕하세요?' '잘 자요' '괜찮아요' '수고했어요' '또 만나요' '힘내세요' '축하해요' '최고야' '잘 지내나요?' '잘했어요' '잘 부탁해요' '부자 되세요' '건강하세요'

이와 같은 표현 중에 움직이는 이모티콘은 24개, 멈춰 있는 이모티콘은 32개를 선택해 이모티콘 캐릭터의 성격에 맞게 멘트를 바꾸어야 합니다. 똑같은 의미의 멘트여도 괜찮아요. 얼마든지 다양하게 표현할 수 있으니까요. 예를 들면 '사랑해요'란 말도 '두근두근' '알라~뷰' '넌 내꺼야' '겁나게 사랑한당께' 등으로 다양하게 쓸 수 있죠.

지금까지 버전 5까지 출시한 "사랑하는 그대에게"의 캐릭터인 '뽀그리 아가씨'는 애교 많고 예의 바르고 착한 성격이어서 다음과 같은 표현으로 멘트를 다양하게 바꾸었어요.

"사랑하는 그대에게" 캐릭터 멘트

안녕 → 까꿍~~ / 똑똑똑~

가는 중이에요 → 그대에게 날아갈게요

사랑해요 → 사랑해요. 너에게 풍당 빠졌어 /

　　　　　　그댄 나의 보물! 사랑해요 /

　　　　　　사랑해요. 말로 표현할 수 없을 만큼

식사해요 → 밥 먹고 힘내요 / 아침, 점심, 저녁 세 끼 꼭 드세요

최고야 → 넌 진짜 최고야! / 당신이 자랑스러워요

힘내요 → 힘내세요. 잘될 거예요 /

　　　　　지칠 땐 쉬어 가세요 /

　　　　　힘들 땐 내 어깨 빌려줄게요. 내게 기대요

Study 08

감정의 세기에
따른 표현

감정은 말, 표정, 몸짓 등을 통해 움직임이나 행동으로 표현됩니다. 동일한 감정도 상황에 따라 감정의 세기가 다르게 표현돼요. 이모티콘도 감정의 세기에 따라서 표현을 다르게 할 수 있어요.

"사랑하는 그대에게" 이모티콘의 경우 버전 1에서는 화를 내는 세기를 "어쭈" 하며 폼만 잡아 귀엽게 표현했고, 버전 2에서는 발을 구르면 땅에서 성난 파도가 일어나고 머릿속 화산이 폭발하는 그림으로 보다 센 감정을 표현하기도 했어요.

여러분이 만든 이모티콘의 감정 표현을 어느 정도 세기로 표현하고 싶은지, 또 그런 표현이 이모티콘 캐릭터의 성격에 적절한지 생각해보세요.

• 같은 감정이어도 감정의 세기에 따라 다르게 표현하는 이모티콘 •

Study 09

시즌 상품과
타깃 상품 기획

특정한 계절에 집중적으로 팔리는 이모티콘 시즌 상품은 봄, 여름, 가을, 겨울 등을 콘셉트로 한 사계절 상품이 있어요. 또 발렌타인데이, 화이트데이, 빼빼로데이, 할로윈 등의 이벤트 이모티콘 상품도 있습니다. 또 연말연시(설날, 성탄절), 5월 가정의 달, 추석과 같은 명절과 기념일을 염두로 한 이모티콘 상품도 있습니다.

이모티콘 시즌 상품의 경우 24개 이모티콘이 다 시즌 상품으로 구성되면 판매 기간이 한정되어 짧아지기 때문에 24개의 이모티콘 중 2~4개 정도만 시즌 상품의 메시지를 넣어 제작하는 것이 판매에 좋아요.

• 크리스마스, 겨울 시즌 이모티콘의 예 •

Summary _____

첫째 주 내용을 잘 따라왔는지 확인해보고
둘째 주 내용을 진행하세요

Q1 내가 가장 잘 만들 수 있는 이모티콘, 나를 있는 그대로 표현해줄 이모티콘은 무엇일지 다시 한 번 생각해보고 적어보세요

Q2 기존에 살펴볼 수 있었던 이모티콘과 나만의 이모티콘의 가장 큰 차별점은 무엇인지 적어보세요

Q3 내가 만든 이모티콘을 사용할 가장 주된 타깃층은 누구일까요? 될 수 있는 한 구체적으로 적어보고 과연 해당 타깃층이 내가 만들 이모티콘을 좋아할지 여부를 생각해보세요

Q4 내가 만든 이모티콘이 갖는 남다른 표현이나 멘트가 있다면 무엇일까요? 또 내가 만들 이모티콘에 사람들이 자주 사용하는 필수 표현이 들어가 있는지도 확인해보세요

Q5 내가 만든 이모티콘은 감정을 어느 정도 강도로 표현하나요? 이모티콘이 다루는 감정선이 적정한 수준으로 유지되는 게 좋답니다. 감정을 표현하는 정도를 1에서 5까지 숫자 중 어느 정도로 표현하고 싶은지 골라보고 감정 표현 멘트도 적어보세요

Q6 내가 만든 이모티콘이 성공적으로 론칭할 경우 만들어보고 싶은 시리즈 상품이 있나요? 가령 새로운 시즌 상품을 만들 때는 특별한 소품이나 친구가 곁들여지면 좋아요. 크리스마스, 명절을 겨냥한 상품을 만든다면 어떤 아이디어가 있는지 미리 적어보세요

PART 2

둘째 주, 볼수록 매력적인 캐릭터의 탄생

여러분! 지금 잘 따라오고 있나요?

둘째 주에는

매력적인 이모티콘 캐릭터를 만들어볼 거예요.

캐릭터의 눈, 코, 입, 디자인, 헤어스타일, 옷 등의 아트웍을 구성하고

캐릭터의 색상과 이름도 정해볼 거랍니다.

이번 주도 함께 파이팅입니다.

Study 10

캐릭터에
스타일 입히기

매력적인 이모티콘 캐릭터는 어떻게 만들어야 할까요? 미남, 미녀가 인기 있듯이 캐릭터도 무조건 귀엽고 예쁘면 좋을 거라고 생각할 수 있어요. 하지만 사람이 외모가 전부는 아니듯, 이모티콘도 캐릭터의 외형뿐 아니라 '스타일, 성격, 말 센스' 등이 있어야 매력적인 캐릭터가 만들어집니다.

제가 대가족을 캐릭터로 만들어 아트 상품을 제작했을 때가 있었어요. 캐릭터 대부분을 전형적인 모습으로 표현했죠. 다른 상품들은 반응이 좋았는데, 할머니 캐릭터만 판매가 부진했어요. 왜일까 고민해보니, 요즘 할머니들은 쪽머리에 올드한 스타일을 선호하지 않던 거예요.

그만큼 캐릭터의 스타일이 중요합니다. 그 후로는 소비자가 매력적으로 느끼는 캐릭터는 무엇일지 고민하고 좀 더 생각해본 후, 작업하게 되었어요.

이모티콘 캐릭터의 경우도 동일해요. 내가 만든 이모티콘을 구매할 사람들의 나이, 성격을 확실히 파악하고, 캐릭터를 매력적으로 만드는 게 중요하죠. "사랑하는 그대에게"도 그렇게 제작되었습니다. 카카오톡 이모티콘 캐릭터를 만들기 전 이모티콘 시장의 캐릭터들을 조사해봤어요. 아줌마가 주인공인 캐릭터를 찾아보니 "오! 나의 여사님" "볼빨간 갱년기" "나애미와 취향저격 톡" 등의 이모티콘이 있었어요. 이 캐릭터들은 다소 과장된 느낌에 유머러스하고 솔직 담백한 아줌마 캐릭터들이었고, 소녀처럼 예쁜 아줌마 캐릭터는 없었어요.

그래서 30~40대 이모티콘 사용자를 대상으로 소녀같이 여리여리한 예쁜 아줌마들을 선호하는 사람들을 위해 "사랑하는 그대에게"의 '뽀그리 아가씨 캐릭터'를 만들게 되었죠. "사랑하는

그대에게" 캐릭터는 비록 아줌마라 불리는 나이가 됐지만 마음
만은 아가씨일 때 그대로인 사용자들을 타깃으로 귀엽고 사랑
스러운 '뽀그리 아가씨'로 제작했어요.

이렇듯 캐릭터를 만들 때 먼저 콘셉트를 정해 목표 소비자는
누구인지, 그들에게 필요한 욕구는 무엇인지 살펴야 해요. 캐
릭터의 성격과 특징을 명확히 만들어주면 말과 표정, 생김새가
개성 있는 캐릭터를 만들기 수월해져요.

• 아줌마가 주인공인 이모티콘의 예 •

오! 나의 여사님

볼빨간 갱년기

사랑하는 그대에게

Study 11

선과 면을 이용한 캐릭터 차별화

캐릭터를 그릴 때는 실제 모습을 관찰해 전체적인 비율을 먼저 잡아놓고 사실 그대로 그리거나, 큰 특징 몇 가지만 강조하고 형태를 단순화해서 만들기도 합니다. 또 해당 캐릭터를 떠올릴 만한 옷을 입히고 소품을 사용해 의인화하는 방법을 사용하기도 합니다.

캐릭터의 표현 방법으로는 선으로 깔끔히 그리거나 연필 등의 다양한 도구로 터치 감각을 살린 회화 스타일로 그려볼 수 있습니다. 또 면으로 처리해 그리거나 음영 효과로 입체감을 줄 수도 있죠. 그림을 그리는 방법은 수없이 많이 있겠지만 이모티콘 캐릭터는 크게 선 작업과 면 작업으로 구분할 수 있어요.

1. 선을 이용한 캐릭터 그리기

먼저 선을 이용한 캐릭터를 살펴볼까요? 선을 이용한 작업은 선으로 형태를 그리고 색을 입히는 작업이에요. 선으로 형태를 그린 캐릭터는 선으로 구분한 덕분에 어떤 색을 쓰든지 눈에 잘 띄며 작업하기가 편해요. 검정이나 진한 밤색의 선으로 캐릭터를 표현하면 주목성도 강해집니다.

· 선으로 그린 캐릭터의 예 ·

선으로 그린 캐릭터   선으로 그린 캐릭터에 채색

또 다음 이모티콘에서처럼 선의 두께를 다르게 하여 캐릭터의 이미지를 개성 있게 만들 수 있어요.

· 선의 두께에 따른 캐릭터 표현의 예 ·

| 대충하는 답장 | 버라이어티숨–화가토끼 | 이웃집 고양이 |

2. 면을 이용한 캐릭터 그리기

다음으로는 면을 이용한 캐릭터 그리기를 알려드릴게요. 면을 이용한 작업은 면으로 형태와 색을 함께 그리는 작업이에요. 면으로 캐릭터의 형태를 그릴 경우 명도와 채도가 비슷한 색들은 구분이 잘 안 되어 주목성이 약해지기 때문에 선을 이용한 캐릭터보다 작업하기가 어려워요. 하지만 명도와 채도를 잘 이용하면 회화 느낌의 수작업 캐릭터를 만들기에 좋아요.

· 면으로 그린 캐릭터의 예 ·

| 귀요미 꼬꼬마 삐오 | 커피프린스 해피톡톡 | 또치와 소녀의 일상 |

Study 12

표정, 옷차림, 아트웍 구성

캐릭터는 이름, 성격, 이야기를 가지고 있어야 해요. 그래서 성별, 연령, 직업 등의 정보에 따라 옷이나 소품을 구체화시키며 아트웍을 구성해야 합니다.

여러분은 따뜻한 말을 전하는 예쁜 아줌마 캐릭터를 제작하고 싶을 때 다음 중 어떤 캐릭터가 어울린다고 생각하세요?

• 아줌마 캐릭터의 다양한 표현 •

1번 캐릭터의 경우 짧은 아줌마 파마를 한 작은 눈에 몸뻬를 입은 뚱뚱한 몸매를 가졌습니다. 이 캐릭터는 30~50대가 원하

는 예쁜 모습을 표현하지 못했다고 볼 수 있어요. 2번 캐릭터의 경우 세련된 커트 머리에 눈이 위로 올라간 마른 몸매와 럭셔리한 패션을 살펴볼 수 있는데요. 꽤 차가운 이미지로 따뜻한 말을 전하는 캐릭터로는 적당하지 않아요. 또 4번 캐릭터는 노랑머리에 추리닝 패션으로 대중이 공감하기엔 어려운 캐릭터죠.

하지만 3번 캐릭터는 친숙한 이미지와 선한 얼굴이 따뜻한 말에 어울리죠. 그래서 3번 캐릭터를 "사랑하는 그대에게" 캐릭터로 선택하게 되었어요.

이렇듯 여러분도 얼굴의 눈, 코, 입, 헤어스타일, 옷, 등의 아트웍을 통해 캐릭터의 특징과 성격을 가장 잘 나타내는 캐릭터를 만들어보세요.

—— / SKETCH / ——

**매력적인 캐릭터를 만들기 위해서
선 또는 면으로 캐릭터를 그려보고
눈, 코, 입, 헤어스타일, 옷 등의 아트웍을 구성해보세요**

Study 13

캐릭터 색상은
어떻게 정할까?

캐릭터의 성격과 콘셉트를 한꺼번에 보여주는 것은 무엇일까요? 바로 색이에요. 이모티콘을 만들 때는 캐릭터의 개성이 제일 잘 드러나는 색을 정하고 색들의 조합을 조화롭게 해야 합니다. 색을 결정할 때에는 이모티콘의 상징 색이나 얼굴색(피부색)을 먼저 정하고 복장이나 소품 순으로 색을 정하는 것이 좋아요. 너무 많은 색을 쓰면 산만해 보여서 좋지 않아요. 색의 조합을 지정하고 몇 개의 색 안에서 사용하는 것이 좋습니다.

또한 기본 채팅 화면에서 이미지 화면의 세 가지 바탕색을 먼저 설정해 캐릭터의 색상이 잘 보이는지 확인해야 해요.

• 기본 채팅 화면의 색 •

C:44 M:20 Y:12 K:0

C:3 M:2 Y:2 K:0

C:0 M:0 Y:0 K:0

C:44 M:20 Y:12 K:0

C:3 M:2 Y:2 K:0

Study 14

브랜드 아이덴티티 색 정하기

이모티콘 캐릭터에 사용할 색을 먼저 살펴볼까요? 기본적으로는 12색상환, 20색상환이 있어요. 그 색 중에서 먼저 메인 색상을 정하고 다른 색상은 메인 색상과 유사한 색이나 반대색 중에서 몇 개의 색을 정하는 것이 좋아요.

너무 많은 색을 쓰면 산만해 보이니 통일감 있게 3~5색 이내의 색을 사용하세요.

색의 맑고 탁한 정도를 채도라고 하는데 흰색, 검정색을 섞을수록 채도가 낮아요. 흰색이나 검정색을 섞지 않을수록 채도가 높아 선명해지고 주목성이 있어요. 또한 색의 밝기를 명도라 하는데 채도와 명도가 적절한 이모티콘의 색상을 골라서 캐릭터의 개성이 제일 잘 드러나는 색을 정해보세요.

• 먼셀 표색계 •

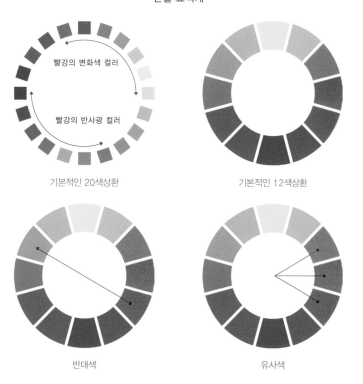

기본적인 20색상환   기본적인 12색상환

반대색   유사색

빨강의 변화색 컬러

빨강의 반사광 컬러

• 채도에 따른 색의 변화 •

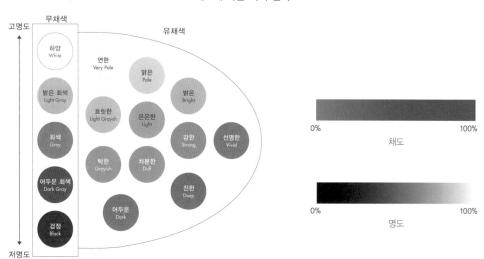

무채색 / 유채색 / 고명도 / 저명도 / 저채도 / 고채도

하양 White / 밝은 회색 Light Gray / 회색 Gray / 어두운 회색 Dark Gray / 검정 Black

연한 Very Pale / 맑은 Pale / 밝은 Bright / 흐릿한 Light Grayish / 은은한 Light / 강한 Strong / 선명한 Vivid / 탁한 Grayish / 차분한 Dull / 진한 Deep / 어두운 Dark

0% 100% 채도

0% 100% 명도

자, 이제 본격적으로 이모티콘 색상을 정해볼까요? 먼저 브랜드의 아이덴티티를 드러내줄 색상부터 정해야 합니다. 이모티콘 브랜드의 아이덴티티 색이란 캐릭터의 성격과 콘셉트를 가장 잘 보여줄 수 있는 색으로 아이덴티티 색상을 먼저 정하고 유사색, 반대색으로 나머지 색상들을 정하면 됩니다.

다음의 이모티콘 캐릭터의 성격과 콘셉트 색상을 정했던 예들을 보시면 이해가 빠를 거예요.

"사랑하는 그대에게" 버전 1의 경우 캐릭터의 성격을 드러내줄 핵심 단어를 희망, 행복, 즐거움, 미소로 정했고, 이런 의미를 지닌 노란색을 "사랑하는 그대에게" 이모티콘 브랜드의 아이덴티티 색으로 결정했어요.

그래서 캐릭터 얼굴색은 하얀색으로 정하고 이모티콘 브랜드의 아이덴티티 색으로 정한 노란색을 옷 색상으로 정했어요. 그리고 소품으로 많이 사용될 하트를 빨간색으로 정했고, 반대색으로 초록 색상을 클로버와 돈 이미지에 넣어 제한된 색 안에서 다양하게 느껴질 수 있도록 변화를 주었어요.

"사랑하는 그대에게" 버전 2의 경우에도 버전 1의 아이덴티티 색상이었던 노란색을 동일하게 사용해 진행했어요. 그래서 같은 이모티콘 캐릭터 시리즈라는 통일감을 줄 수 있었어요. 대신 버전 2에 새로 등장한 캐릭터인 늑대의 색상을 주황색으로 선택해 "사랑하는 그대에게" 버전 1과 차별화를 주었고 명도 차이를 둔 노란색과 빨간색을 사용해 이모티콘 색상이 다양하고 풍성해 보이도록 했어요.

• 사랑하는 그대에게 버전 1 색상 사용 •

• "사랑하는 그대에게" 버전 2 브랜드 아이덴티티 색 •

• 사랑하는 그대에게 버전 2 색상 사용 •

"커피프린스 해피톡톡"의 경우 이모티콘 이름에서도 느껴지는 상징성 있는 소품인 커피 색상을 아이덴티티 색상으로 먼저 정했어요.

그리고 메인 색상인 커피의 갈색과 어울릴 살구색을 얼굴색으로 정하고 유니폼 색상을 흰색과 검정색의 스트라이프 무늬로 선택했어요. 원색의 색상이 적은 편이라 주목도를 높이기 위해 소품에 초록 색상을, 모자에 빨간색을 선택했지요.

• "커피프린스 해피톡톡" 브랜드 아이덴티티 색 •

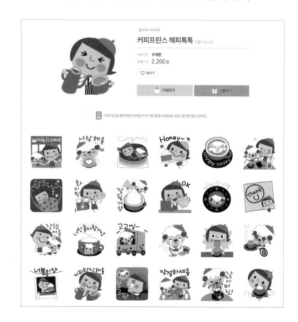

• 커피프린스 해피톡톡 색상 사용 •

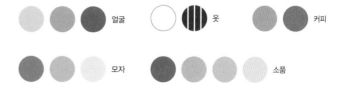

"또치와 소녀의 일상"의 경우 아이덴티티 색상을 주인공 캐릭터들의 주요 색상인 핑크와 민트로 선택했어요.

또 얼굴색은 핑크와 민트가 돋보이게 흐린 살구색으로 정했죠. 파스텔 색상이 주된 색상을 이루고 있어서 채도를 높이고자 머리카락 색상을 밝고 채도가 높은 노란색으로 정했어요. 그리고 소품들은 붉은색으로 포인트를 주었습니다.

• "또치와 소녀의 일상" 브랜드 아이덴티티 색 •

• 또치와 소녀의 일상 색상 사용 •

이모티콘
네이밍의 조건

자, 이제 이모티콘의 이름을 정해볼까요? 이모티콘 이름은 무엇보다 이모티콘의 이미지를 잘 전달할 수 있어야 해요. 제가 론칭한 이모티콘 중 '해피톡톡' 시리즈가 있어요. 말 그대로 행복한 이야기를 전한다는 의미로 "그레이스 해피톡톡" "커피프린스 해피톡톡"처럼 시리즈로 이모티콘 이름을 이어갔습니다. 또 30대 이상의 연령층에게 친숙하고 따스한 이미지를 줄 수 있도록 "사랑하는 그대에게" "참 소중한 그대에게"란 이모티콘 이름을 정했죠.

또한 제 아들이 론칭한 이모티콘의 경우는 막 그린 낙서, 발그림처럼 2초 만에 그림을 쉽게 완성했다는 의미로 "제제의 발그림 이초티콘"이란 이름을 정하기도 했어요.

이렇듯 이모티콘이나 캐릭터 이름은 성격에 맞게 간결하면서도 차별성을 가진 내용으로 소비자들이 쉽게 인식하도록 만들어야 해요. 구체적인 네이밍 조건으로는 다음 사항을 적용해 작업해보세요.

이모티콘, 캐릭터 이름을 정할 때 주의할 사항

❶ 이모티콘의 성격, 이미지를 암시하나요?

❷ 기억하기 쉬운가요?

❸ 단어의 발음이 쉬운가요?

❹ 부정적인 의미는 없나요?

❺ 상표 등록이 가능한가요?

❻ 특징을 부각시켰나요?

❼ 정서적인 의미도 포함시키면 좋아요.

❽ 시대성도 고려해요.

❾ 애칭의 의미를 포함시키면 좋아요.

———— / SKETCH / ————

내가 작업할 캐릭터의 성격에 맞게
콘셉트 색을 3~5가지 이내의 색으로 정해보고
캐릭터 이름을 만들어보세요.

Summary ————————————————

둘째 주 내용은 어땠나요?
다음 질문들로 다시 한 번 확인하고
셋째 주 내용을 시작해보세요

Q1 나만의 이모티콘 캐릭터에 딱 맞는 표정과 옷차림을 결정했나요? 유행에 뒤처지지 않으면서도 이모티콘 색을 해치지 않고 자연스럽게 드러내줄 정도면 충분합니다. 이모티콘 캐릭터의 장점을 부각시켜줄 표정과 옷차림을 떠오르는 대로 적어보세요

Q2 내가 만들 이모티콘과 가장 유사한 이모티콘이 있다면 어떤 것이 있을까요? 그 이모티콘은 선으로 그렸나요, 면으로 그렸나요? 선의 굵기는 어느 정도인가요? 캐릭터 그림에서 나만의 이모티콘과 차별점이 있다면 어떤 부분일지 적어보세요

Q3 이모티콘의 이름을 정했나요? '단어' '단어+단어' '수식어+단어' '문장' 등 다양한 형태의 이모티콘 이름을 떠올려보고 자유롭게 적어보세요

Q4 이모티콘 아이덴티티 색을 정했나요? 이모티콘 아이덴티티 색상이 명도와 채도를 적당히 아우르고 있는지, 유사색, 반대색은 적절히 활용하고 있는지 다시 한 번 확인해보세요

Q5 이모티콘 아이덴티티 색을 드러낸 대표 이미지 1컷을 그려 아래 기본 채팅 화면의 세 가지 색 위에 올려보세요. 캐릭터 색상이 기본 채팅 화면 색 위에서 묻히지 않고 잘 드러나는지 꼭 확인해보세요

PART 3

셋째 주, 이모티콘을 그려보자

여러분! 잘 따라오셨어요.

셋째 주는 이모티콘 작업의 핵심이라 할 수 있어요.

이번 주에는 이모티콘 제안을 위한 작업에 들어갑니다.

총 24종의 이모티콘을 스케치하고 그려볼 거예요.

자, 준비되셨죠?

Study 16

이모티콘
멘트 구성

카카오톡 대화 속에서 사용할 수 있도록 만들어진 이모티콘은 다양한 상황과 감정들의 멘트를 담당하죠. 움직이는 이모티콘은 24개, 멈춰 있는 이모티콘은 32개의 멘트를 이모티콘 캐릭터의 성격과 맞게 만들어야 해요. 멘트를 만들 때는 누가, 언제, 어떻게 사용할지 생각하면서 만들어주세요. 그리고 멘트가 없이 그림만 들어가는 이모티콘의 경우도 어떤 감정이나 상황을 전달하는지 기록해서 중복되지 않도록 해요.

기본적으로 감정을 표현하는 멘트들은 아래와 같아요. 하지만 다른 콘텐츠와의 차별화된 콘셉트도 중요하니 아래 표현들에만 국한해 사용하실 필요는 없어요.

감정을 표현하는 주요 멘트들

미소, 윙크, 방긋, 반함, 눈물, 절규, 크크, 메롱, 잘자, 잘난 척, 헤롱, 놀람, 아픔, 당황, 버럭, 부끄, 궁금, 흡족, 깜찍, 으으, 민망, 곤란, 졸림, 행복, 안도, 우쭐, 공포, 근심, 사랑해, 슬픔, 우울, 기쁨, 짜증, 꺼져, 만취, 기절, 헐, 고민, 더워, 추워, 감기, 복 받아, 파이팅, 배고픔, 우쭈쭈, 답답, 피곤, 쓸쓸, 기겁, 열심, 안녕, 짱, 딴청, 폐인, 심심, 허무, 좌절, 토닥, 정색, 기절, 낄낄

이런 기본 감정 표현 중에 사용 빈도가 높은 것으로는 '웃음'과 '박장대소', '무관심'과 '좌절', '잘 자' '화남' 또는 '분노' '삐짐' '인사(Hi, bye)' '최고'가 있습니다.

그 외에도 주로 사용되는 멘트들을 소개해볼게요.

상황을 표현하는 멘트들

미안해요, 좋아요, 잘 가, 감사해요, YES, NO, 너무 좋아요, 흥, 쑥스러운, 쉿!, 생각해볼게요, 파이팅, 웃겨요, 추워요, 더워요, 졸려요, 모르겠어요, 멍해요, 깜짝이야, 배고파요, 배불러요, 슬퍼요, 울먹여요, 최고야, 바빠요, 급해요, 뽀뽀, 허그, 비웃음, 돈 없어요, 돈 많아요, 굳은 결의, 심심해요, 아파요, 건강해요, 다행이다, 피곤하다, 생일축하, 전화해요, 축하합니다, 제발 해주세요, 화장실, 운전하는 중, 술 먹는 중, 하이파이브, 춤춰봐요, 노래 불러요, 갖고 싶어요, 뒹굴뒹굴, TV보는 중, 떼쓰기, 무섭다, 비 와요, 눈 와요, 제발 가지 마.

위의 기본 표현들을 고려해 "사랑하는 그대에게" 버전 1 멘트를 참고해보세요.

사랑하는 그대에게 버전 1 멘트

1. 넹~ / 2. 너뿐이야 / 3. 밥 먹고 힘내요 / 4. 다 잘될 거야 / 5. 사랑해요 너에게 퐁당 빠졌어 / 6. 잘했어요 / 7. 부자 되세요 / 8. 모 먹고 싶어요? / 9. 사랑해주세요 / 10. 신나 / 11. 고마워요 / 12. 건강하세요 / 13. 보고파 언제와 / 14. 정답 / 15. 잠시만 기다려주세요 / 16. 잘못했어요 / 17. 어쭈 / 18. 축하해 / 19. 그림만 (잘 자요) / 20. 그림만 (한잔?) / 21. 항상 네 편이야. 맹세 / 22. 안녕 / 23. 위로해줄래요? / 24. 함께여서 행복해

자, 이제 내가 작업할 이모티콘 캐릭터에 딱 맞는 메시지와 멘트를 정해볼까요?
"사랑하는 그대에게"를 만들 때는 기존의 멘트를 수정한 것은 물론 '뽀그리 아가씨'의 캐릭터를 극대화시키기 위해 긍정적인 표현과 멘트를 추가했어요.

"사랑하는 그대에게"에 쓰인 긍정적인 표현과 멘트들

너뿐이야, 항상 네 편이야, 맹세!, 함께여서 행복해, 행복해져라!, 날 따라 해봐요. 스마일~, 나쁜 생각은 1초도 하지 말아요, 당신은 사랑받기 위해 태어났어요, 언젠가는 꽃필 날 올 거예요, 오늘도 해피데이

이처럼 이모티콘 타깃이 자주 쓰는 표현을 메시지로 표현하되 캐릭터 성격을 부각시켜줄 텍스트 표현으로 다른 이모티콘과 차별화 지점을 만들어주는 게 중요해요. 여러분도 이모티콘 타깃에 맞는 메시지를 선택해 캐릭터에 맞는 표현으로 업그레이드해보세요.

움직이는 이모티콘 멘트 정하기(24안)

1
2
3
4
5
6
7
8
9
10
11
12
13
14
15
16
17
18
19
20
21
22
23
24

멈춰 있는 이모티콘 멘트 정하기(32안)

1
2
3
4
5
6
7
8
9
10
11
12
13
14
15
16
17
18
19
20
21
22
23
24
25
26
27
28
29
30
31
32

Study 17

스케치할 때
주의 사항

이모티콘을 스케치할 때는 무엇보다 이 그림이 채팅창에서 사용된다는 점을 기억하세요. 기본 채팅 화면에서 잘 보이기 위해서는 복잡하기보다는 명확한 그림이 좋고, 이모티콘의 캐릭터 성격, 콘셉트의 통일성을 드러내줄 그림이 좋아요. 이런 부분을 꼭 염두에 두고 스케치하세요. 무엇보다 구체적인 상황을 묘사하기보다는 대화에 자연스럽게 사용될 수 있는 그림이 좋고요. 또한 멘트가 잘 보이도록 구도와 포즈를 다양하게 스케치해보는 것도 좋아요. 스케치는 실제 직업이 아니니까 스스로 알아볼 수 있을 정도로만 하시면 돼요.

• "사랑하는 그대에게" 이모티콘 스케치 •

/ SKETCH /

내가 작업할 이모티콘 24종을 스케치해보세요

Study 18

애니메이션 스케치

움직이는 이모티콘을 만들 경우에 이모티콘의 움직임 또한 미리 스케치를 해둬야 합니다. 'study 17'에서 스케치한 그림을 중심으로 캐릭터 성격과 콘셉트에 어울리도록 어떻게 애니메이션으로 진행할지를 스케치해봅시다. 멘트 내용을 명확히 전달하면서 동작이나 메시지가 대화에 사용하기 좋도록 모션을 구상해보세요. 움직이는 이모티콘은 캐릭터의 움직임을 통해 표현이 잘 드러나야 합니다. 또한 캐릭터의 성격이 잘 드러날 수 있어야 한다는 점을 염두에 두고 모션을 구상해보세요.

• "사랑하는 그대에게" 이모티콘 모션 스케치 •

Study 19

이모티콘
제작 시
주의 사항

이모티콘을 제안할 때 업로드에 사용할 이미지 사이즈는 최소 360×360px(픽셀)으로 작업해야 하고, 해상도는 최소 72dpi 로 작업해야 해요. 그리고 배경이 투명한 포토샵 파일(psd 형 식)로 제작해야 애니메이션 작업할 때 수월합니다. 보통 애니 메이션을 만들 때 파일이 깨져 그림이 흐려지는 경우가 종종 발생합니다. 이를 방지하기 위해 최소 사이즈보다 크게 작업해 서 원본 파일로 저장해두고 애니메이션을 만들 때는 줄여서 사 용합니다.

• 포토샵으로 그릴 때의 화면 •

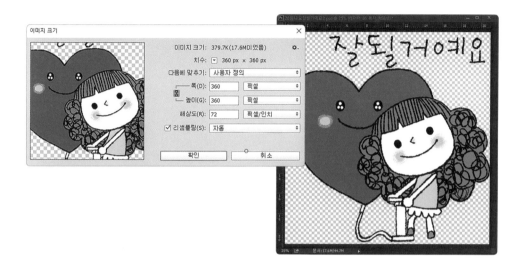

—— / SKETCH / ——

나만의 이모티콘 애니메이션 내용을 스케치해보세요

1

2

3

4

5

6

7

8

9

10

11

12

13

14

15

16

17

18

19			
20			
21			
22			
23			
24			

Study 20

이모티콘 그리기

자, 이제 본격적으로 기본 채팅 화면, 스토어 회색 화면, 키보드 하단탭의 배경색 화면에서 이모티콘 캐릭터가 잘 보이도록 그려봅시다.

· 기본 채팅 화면의 색 ·

C:44 M:20 Y:12 K:0   C:3 M:2 Y:2 K:0   C:0 M:0 Y:0 K:0
기본 채팅 화면   스토어 회색 화면   키보드 하단탭

1. 포토샵으로 그림을 그리는 경우

포토샵에 능숙한 경우라면 먼저 캐릭터에 맞는 연필 선을 결정하고 스케치한 캐릭터를 레이어 위에 그립니다. 애니메이션 제작을 위해 psd 파일로도 저장하세요. 그리고 제안용으로 360×360px(72dpi) 사이즈로 png 파일 형태로 저장하는 것도 잊지 마세요.

24개 또는 32개 이모티콘 작업을 다 마치면 모바일 디바이스 환경에서 이미지가 뭉치지 않는지 확인해야 합니다. 핸드폰 화면에 이미지를 보내어 글씨가 잘 보이는지 이미지가 너무 복잡하진 않은지 살펴보세요. 24개, 혹은 32개 작업을 진행해 완성합니다.

• 포토샵으로 작업한 이모티콘 화면 •

• 완성된 이모티콘 화면 •

2. 수작업으로 그림을 그리는 경우

컴퓨터로 그림을 그리는 게 서툴다면 이런 방법도 있어요. 수작업으로 그린 연필 선을 보정하는 방법이에요.

먼저 종이에 수작업으로 이모티콘 이미지를 그립니다. 이런 경우 가로세로 10센티미터 사이즈에 꽉 차게 그림을 그려주세요. 휴대전화 화면으로 보이는 이모티콘의 크기는 작지만 그림은 최대한 크게 그리는 것을 추천합니다. 이모티콘 캐릭터가 인기를 끌 경우 다른 시장으로 진출할 가능성이 있기 때문이에요.

이런 부분까지 고려한다면 이모티콘 한 컷을 A4용지에 정사각형 모양으로 꽉 차도록 그리는 것도 추천합니다. 자, 그럼 종이에 그린 그림을 컴퓨터에 옮겨볼까요?

첫 번째, 먼저 종이에 스케치한 이미지를 사진을 찍거나 스캔합니다. 그리고 포토샵에서 이미지를 불러와서 자르기 도구로 원하는 그림만 잘라내요.

두 번째, ctrl + L을 동시에 눌러서 레벨 창을 불러오세요.

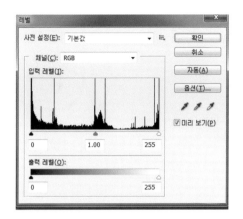

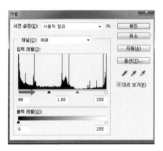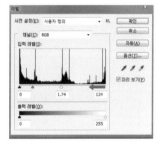

레벨 창에 보이는 작은 삼각형들을 잡아당김에 따라 이미지가
진해지거나 흐려지는데 두 개의 삼각형을 적당히 조절해서 최
적의 진하기 상태를 정해요.

세 번째, 이제 브러시나 연필 도구를 이용해 잡티를 제거합니다.

보통 여기까지가 제가 손그림을 컴퓨터 파일로 만드는 데 사용하는 과정입니다. 생각보다 간단하죠? 손그림으로 작업해서 올리는 것도 어렵지 않아요.

윤리, 비즈니스, 저작권 필수 지침

이모티콘 제안에는 도덕성과 윤리 지침이 있어요. 또 저작권 침해와 표절이 의심되는 이모티콘은 제안에서 제외됩니다. 카카오가 부적절하다고 판단하는 이모티콘에 대해서는 입점이 불가능하며, 입점한 이후에도 판매가 중단될 수 있으니 주의해야 해요. 이모티콘 제안 전 확인해봐야 할 내용은 다음과 같습니다.

이모티콘 제안 전 확인해야 할 필수 사항

1. 도덕성, 윤리 지침 부분
- 범죄, 폭력, 성적 표현 등 미풍양속에 반하는 콘텐츠
- 흡연 연상과 흡연을 조장하는 콘텐츠
- 반사회적인 내용이 담긴 콘텐츠
- 사회적인 물의를 일으킬 소지가 있는 콘텐츠
- 사람, 사물, 동물 등을 비하하거나 차별하는 내용이 담긴 콘텐츠
- 심한 욕설 및 폭언 등이 담긴 콘텐츠
- 특정 국적이나, 종교, 문화, 집단에 대한 공격으로 해석되거나 불쾌감을 유발할 소지가 있는 콘텐츠
- 특정 종교를 표현하거나 이를 주제로 한 콘텐츠

2. 비즈니스, 광고 홍보 등의 목적
- 제안자가 아닌 제3자에게 이익을 제공하거나 서비스 및 광고 · 홍보를 위해 제작된 콘텐츠
- 기업에서 브랜드와 서비스의 광고 · 홍보를 위해 제작된 콘텐츠

- 특정 기업·서비스의 콘텐츠를 활용한 경우(게임 캐릭터, 기업 대표 캐릭터 등)
- 특정 지역, 언론사, 관공서, 비영리단체의 특별한 목적을 위해 제작된 콘텐츠
- 특정 정당 지지, 국회 등 정치적인 요소를 포함한 콘텐츠
- 개인과 기업의 협업에 의한 콘텐츠
- 광고성 문구를 포함하고 있는 콘텐츠

3. 저작권 침해와 표절 의혹

- 타인의 상품의 저작권 침해 여지가 있거나 표절 의혹이 있는 콘텐츠

4. 기타

- 카카오 이모티콘 스토어에서 정한 이미지 가이드에 일치하지 않는 콘텐츠
- 이모티콘 콘셉트와 제안된 이미지가 일치하지 않는 콘텐츠
- 입점 심사를 위한 가이드를 따르지 않은 경우(이미지 미포함, 24개 미만 등)
- 그 외 카카오의 브랜드 이미지에 손상을 주거나 피해를 줄 수 있는 경우

위 사항들이 이모티콘에 포함되어 있는지 확인하고 포함되는 사항이 있다면 제외시켜주세요.

Summary ————————

자, 이제 이모티콘 제안 과정만 남았어요.
제안 전 마지막으로 체크해볼 사항들을
적어두니 살펴봐주세요

- ☐ 움직이는 이모티콘은 24개, 멈춰 있는 이모티콘은 32개 멘트를 모두 작성했나요? 또 각각의 멘트에 겹치는 내용이 없는지 확인하세요

- ☐ 캐릭터 이미지나 멘트 중에 저작권 침해 소지가 있는 내용이 있다면 다시 한 번 확인하고 수정하세요

- ☐ 스케치한 이모티콘에 색을 입혔다면 이모티콘 배경 화면에 묻히지 않는지 최종적으로 확인해보세요

- ☐ 각각의 이모티콘 파일은 애니메이션 제작을 위한 psd 파일 형식과 제안용의 png 파일 형식으로 각각 저장해두었는지 확인하세요

- ☐ 각각의 이모티콘 파일을 열어 선과 색이 또렷하게 입혀졌는지 확인하세요. 이모티콘 이미지를 휴대전화에 전송해 깨지지 않는지 확인해보는 것도 좋습니다

- ☐ 3장의 마지막 내용인 도덕성 윤리 지침, 비즈니스 광고 홍보 목적, 표절 의혹 사항을 다시 한 번 읽어보고 나만의 이모티콘 내용에 해당 사항이 없는지 다시 한 번 확인해보세요

PART 4

넷째 주, 이모티콘 제안과
상품화의 모든 것

여러분! 드디어 마지막이 코앞에 보입니다.

넷째 주에는 애니메이션 3종을 만들어 카카오톡 이모티콘샵에 제안해요.

드디어 카카오톡 이모티콘 상품화를 위한 준비를 마치게 됩니다.

마지막까지 힘차게 달려보아요!

Study 22

애니메이션
3종 만들기

움직이는 이모티콘은 1컷 그림 21종에 총 3종의 애니메이션을 만들어야 제안할 수 있습니다. 그래서 3종에 해당하는 애니메이션은 직접 제작해야 해요.

'study 18'에서 애니메이션 내용을 스케치한 바 있는데요. 스케치한 애니메이션 내용 중 나만의 이모티콘 콘셉트를 가장 잘 드러내줄 내용을 3종 골라서 애니메이션으로 만들어 제안해봅시다.

애니메이션을 만들려면 먼저 애니메이션 내용에 맞게 각각의 장면을 그려야 합니다. 카카오톡 이모티콘의 경우 24프레임 이하로 애니메이션 프레임을 제한하고 있으니 이 점을 염두에 두고 애니메이션 장면을 그려보세요. 그려야 할 3개의 이모티콘 애니메이션 모두 24프레임을 꽉 채워야 할 필요는 없습니다. 보여주고자 하는 내용이 드러나는 만큼만 애니메이션 내용을 그리면 됩니다.

애니메이션 각 장면을 그림으로 모두 그렸나요? 그렇다면 포토샵으로 애니메이션을 만드는 방법을 알려드릴게요. 보여드리는 화면은 포토샵 CC버전(한글판) 기준입니다.

가장 먼저 한 레이어에 애니메이션으로 만들 사진을 모두 불러와야 합니다. 포토샵 상단 메뉴 중 [파일(F)]-[스크립트]-[스택으로 파일 불러오기]를 선택해 애니메이션으로 만들 이미지를 한 번에 하나의 레이어에 불러오세요.

옆의 그림처럼 이미지를 모두
한 레이어에 불러왔다면 애니
메이션을 만들 타임라인 창을
불러올게요.

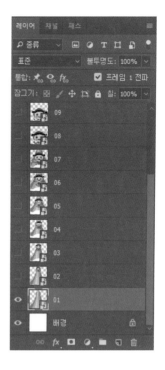

포토샵 상단 메뉴들 중에서 [창(W)] – [타임라인]을 선택하
세요.

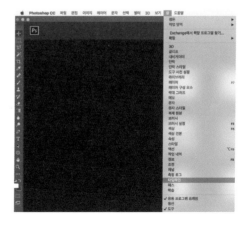

아래는 타임라인의 모습이에요. 여기서 [프레임 애니메이션 만들기]를 선택해요.

다음으로, 애니메이션 제작 시 사용하는 타임라인 버튼들 설명입니다.

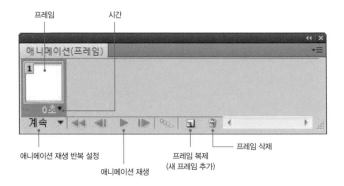

자, 이제 타임라인 첫 번째 칸에 애니메이션 첫 번째 장면이 될 레이어를 켜요.

레이어를 켠다는 것은 각각의 레이어 앞에 위치한 '눈' 모양을 클릭하여 켜고 끔으로써 타임라인에서 보이는 이미지 화면을 조정한다는 말입니다. 하나의 레이어에 올라와 있는 이미지 중 어떤 이미지의 레이어 가시성을 확보해 타임라인에서 보여줄 지 설정하는 것입니다.

자, 첫 장면을 잘 완성했다면 다음으로는 타임라인에서 [프레임 복제(새 프레임 추가)]를 한 다음, 애니메이션 두 번째 장면 레이어를 켭니다.

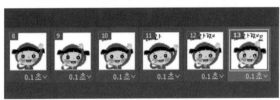

이런 식으로 애니메이션 장면마다 프레임을 만들고 타임 설정을 한 다음 재생을 눌러서 애니메이션이 잘 움직이는지 확인합니다. 속도가 너무 빠르거나 느리지 않은지, 애니메이션 각 장면이 부족해 움직임이 어색하지는 않은지 확인하세요.

시간 설정은 캐릭터의 성격에 따라 다르게 표현하면 됩니다. 하나의 애니메이션이 24프레임 이하로 제작되었다면 나머지 2개의 움직이는 이모티콘도 제작합니다.

이모티콘 애니메이션의 경우 전달하고자 하는 감정과 메시지가 모션의 크기나 속도를 통해 효과적으로 표현되었는지 확인해야 합니다.

Study 23

카카오 이모티콘 스튜디오 제안 과정

자, 이제 모든 준비가 완료되었습니다. 완성된 이모티콘을 제안하는 과정을 알려드릴게요. 가장 먼저, 이모티콘 제안을 위해 '카카오 이모티콘 스튜디오'에 접속합니다.

https://emoticonstudio.kakao.com/

다음으로 움직이는 이모티콘과 멈춰 있는 이모티콘 중 하나를 선택해 '제안하기'를 클릭합니다.

각각의 이모티콘에 적합한 양식에 맞춰 작업한 이모티콘을 입력해요. 움직이는 시안(GIF 3종), 멈춰 있는 시안 (PNG 21종) 또는 멈춰있는 이모티콘 32개 이미지를 각각의 빈 칸에 입력하세요.

움직이는 시안(GIF 3종)과 멈춰 있는 시안(PNG 21종)을 모두 입력하고 시안 등록을 마쳤다면 다음으로는 제안자 정보 및 이모티콘 정보를 기록해요. 제안자 정보는 기본 사항들을 적는데, 이름, 전화번호, 이메일 등의 정보를 적고 사업자등록증을 가진 기업과 개인을 구분해 표시하세요.

이모티콘 정보는 이모티콘 제목, 시리즈명, 설명글을 적고, 참고 사이트는 개인 홈페이지나 블로그를 적어요. 참고자료 첨부란에 제안하는 이모티콘 소개나 추후 제작될 이모티콘 애니메이션 설명 등을 묶음파일로 올릴 수 있습니다.

이 모든 과정이 완료되면 제안 번호를 확인합니다.

서비스 제안 후 통과, 미통과 여부를 알려주는 통과 알림 메일은 제안 2~4주 안에 오게 됩니다. 카카오에서 먼저 통과 알림 메일이 오면 곧 파트너사인 다날 엔터테인먼트에서도 통과 알림 메일이 오게 돼요.

카카오톡 이모티콘 상품화 과정

기다리고 기다리던 합격 메일이 도착했습니다! 이제 본격적으로 이모티콘 상품화 과정이 시작됩니다.

이모티콘의 상품화 과정은 다음과 같아요. 먼저, 합격 메일이 오면 전자 계약을 하게 됩니다. 계약 이후에는 컬러 시안 등록을 합니다. 카카오에서 만든 네모난 템플릿 양식에 이모티콘을 넣어 등록해요. 컬러 시안을 등록할 경우 아래의 사항을 다시 한 번 확인해주세요. 물론 등록 후에도 한 번 더 확인하면 더 좋습니다.

컬러 시안 등록 시 주의 사항

• 이미지의 해상도는 RGB/72dpi로 깨짐 현상 없이 뚜렷한가요?
• 360×360px 사이즈에 맞게 레이아웃이 구성되었나요?
• 카테고리와 모션, 메시지, 사운드 대사(사운드콘)는 빠짐없이 기입했나요?
• 전체적인 이미지 내 아이템의 부피감은 균일한가요?
• 이미지의 색상이 채팅방의 기본컬러(#a0c0d7)에 묻히지는 않나요?
• 외곽 라인은 매끄럽게 처리되었나요? (안티알리아싱 체크)
• 아이템의 작은 소품, 효과는 알아볼 수 있는 정도인가요?
• 이미지의 외곽 라인의 컬러, 두께감은 동일하게 사용했나요?
• 상업적인 용도로 사용 가능한 폰트를 사용했나요?
• 삽입된 텍스트는 맞춤법에 어긋나지 않나요? (의도적인 변형 제외)

• 영문 문법에 어긋난 문구는 없나요? (콩글리시)
• 텍스트의 가독성은 좋은가요?
• 정책 가이드에 반하는 이미지는 포함되어 있지 않은가요?

컬러 시안 수정을 통해 최종 승인이 납니다.
애니메이션 시안은 컬러 시안 최종 승인 후 진행하세요. 아래 화면에서 보이는 것처럼 애니메이션 시안에 추가될 각 장면의 그림들을 그려야 합니다.

그리고 추가로 애니메이션 설명을 기록합니다.
제가 작업했던 시안 내용들을 살펴보면 어떻게 하는지 감이 오실 거예요.

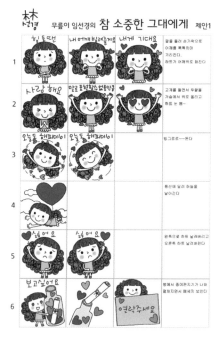

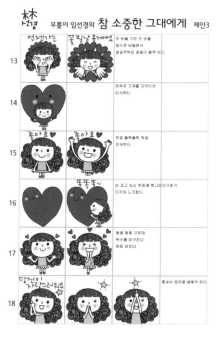

제안용으로 만든 3종의 애니메이션 외에 21종의 나머지 이모 티콘 애니메이팅 진행은 직접 작업하거나 외주 작업자를 통해 이루어집니다. 외주 작업자를 통하는 방법은 홈페이지로 직접 의뢰하거나 이모티콘 에이전시를 통해 의뢰하면 돼요.

애니메이션까지 만들어졌다면 이모티콘을 카카오 시스템에 등 록합니다. 애니메이션이 통과된 이후에 최종 파일 작업을 시작 하세요.

최종 파일에는 선물 이미지, 아이콘 이미지, 타이틀 이미지가 있습니다.

먼저 선물 이미지는 내 이모티콘 전부를 한 번에 보여주는 이 미지입니다. 누군가 내 이모티콘을 상대방에게 선물할 경우 채 팅창에 보여지는 이미지로 대표 이미지, 아이덴티티 색, 타이 틀이 한 번에 드러나는 이미지이니 매력적으로 보일 수 있게 작업해야 해요.

· 선물 이미지의 예 ·

아이콘 이미지는 채팅창 하단에서 내 이모티콘이라는 것을 알려주는 이미지예요

아이콘 이미지의 예

타이틀 이미지는 가장 매력 있어 보이는 시안으로 이모티콘 상품명과 함께 노출되는 이미지예요.

"참 소중한 그대에게" 버전 3 작성 내역을 보며 알아볼까요?
이제부터 작성한 내역은 실제 오픈 상품명이 돼요. 휴대폰 언
어 설정이 영문 사용자인 경우를 위해 상품명을 영문으로도 표
기하죠. 상품명과 캐릭터명은 아래와 같이 표시합니다.

• Emoticon Info("참 소중한 그대에게" Ver. 3) •

	캐릭터명	타이틀
국문	무릎이 임선경	참 소중한 그대에게 Ver. 3
영문	Knee Yimsunkyung	To my precious one

• 상품명, 캐릭터명 예 •

사랑하는 그대에게 Ver.2 —— 상품명
무릎이 임선경 —— 캐릭터명

캐릭터명을 작성할 경우 캐릭터의 명칭을 기본으로 작성하되,
저작권자를 따로 갖고 있어 카피라이트 표기가 필수인 경우라
면 병행 표기가 가능합니다. 가령 '캐릭터명 ⓒ저작권사'처럼
표기하는 것이죠.
모든 등록이 끝났다면 이제 이모티콘 오픈을 기다리는 일밖에
남지 않았습니다.
이모티콘 오픈일의 경우 아이템 제작 완료일을 기준으로 순차
적으로 스케줄링 되며, 제작 완료일을 기준으로 보통 2~3개월
가량의 오픈 대기가 필요해요. 상품의 정확한 오픈일을 정하기
전에 기기 테스트를 거치며 제작자에게 수정 사항을 요청할 수
있습니다. 모든 수정 사항 반영까지 완료되어야 오픈이 가능합

니다.

보통 오픈 7일 전 CMS를 통해 공지가 되지만, 운영 이슈 등에 따라 오픈일은 변경될 수 있어요. 최종 파일 제출 후 2~3개월 후에 이모티콘이 정식으로 출시되니까 초기에 이모티콘을 기획할 때 제작 기간에 평균 1~2개월, 출시 대기 기간 2~3개월을 계산하여 반영하면 좋아요.

마지막으로 정산에 대한 내용이에요. 이모티콘을 출시하면 4개월 후에 입금이 돼요.

가령 1월 1일에 이모티콘이 출시됐다면 1월 매출액이 5월 초 입금됩니다. 매출 대비 순수익은 카카오와 결제 서비스, 작가가 거의 같은 비율로 나눠 가져요.

즉 2,200원 짜리 이모티콘 한 개가 판매될 경우 작가의 수익은 600~700원이 됩니다.

Q & A

질문 1 **이모티콘 심사 평가 기준은 무엇인가요?**

매달 수백여 건 이상의 제안서가 전달되지만 스토어에 입점하는 이모티콘의 수는 한정이 되어 있습니다. 일반적으로 대중성, 차별성, 기획력, 퀄리티, 심사위원 평가를 통해 객관적인 평가를 내려요.

질문 2 **신규 캐릭터 이모티콘과 기존 캐릭터 이모티콘의 제안과 심사 기준은 다른가요?**

신규 캐릭터 이모티콘과 기존 캐릭터 이모티콘 모두 동일한 제안 과정과 동일한 심사 과정을 거쳐야 합니다. 신규 캐릭터 이모티콘과 기존 캐릭터 이모티콘의 심사 기준은 동일하지만 기존 캐릭터 이모티콘은 신규 이모티콘의 매출 가능성 대신 기존에 발생되었던 매출을 확인해 심사해요.

질문 3 **어떤 이모티콘이 상품화될까요?**

여러분이 카카오라면 어떤 이모티콘을 상품화할지 생각해보면 답을 찾기에 좋아요. 카카오 입장에서는 매출이 좋은 이모티콘 상품을 선호하고 획일화를 막기 위해 다양한 이모티콘을 상품화할 거예요. 또 사용자 입장에서 본다면 매력적인 상품이나 자신이 소장하지 않은 색다른 이모티콘을 원할 거예요. 즉 소비자가 가지고 있는 이모티콘과 다르게 표현된 이모티콘을 원하겠죠. 그림이 다르거나 메시지가 다르거나 애니메이션 표현과 속도가 다른 차별점을 가지면서 독창적이고 참신한 이모티콘을 제작하면 상품화가 가능해요.

가령 정신없이 빠른 이모티콘 가운데 느린 속도의 이모티콘이 눈에 띌 수 있고 언어유희, 사투리, 언어 파괴 이모티콘 스타일 가운데 존댓말 이모티콘이 선호 받을지도 모릅니다. 또 선으로 그린 흰색 캐릭터의 이모티콘이 많다면 회화 느낌의 이모티콘이 더 긍정적일 수 있어요.

즉 유행하는 스타일과는 다른 스타일로 기획된 이모티콘이 선호 받을 수 있습니다.

이모티콘 심사에는 나름의 기준이 존재하기 때문에 이 책을 통해 새로운 아이템을 찾아 개성 있는 이모티콘으로 제안해보면 좋겠습니다.

질문 4 **혼자서 이모티콘 작업하기가 어려운 이들을 위한 방법은 무엇이 있을까요?**

이모티콘 에이전시가 있어요. 인터넷 검색을 통해 이모티콘을 제작하는 회사에 포트폴리오를 보내면 이모티콘 에이전시에서 수익률을 나누는 조건으로 이모티콘 제안을 도와드려요.

질문 5 책 속에는 주로 카카오톡에 제안하는 내용만 소개되어 있는데 네이버나 다른 이모티콘 채널에 활용 가능한 부분이 있나요?

이모티콘은 라인과 밴드 그리고 그라폴리오에도 제안하실 수 있어요.

카카오톡 이외의 이모티콘 활용 채널

- 라인 크리에이터스 스티커 https://creator.line.me/ko/
- 밴드 스티커 https://partners.band.us/partners/sticker
- 그라폴리오 스티커 http://m.gfmarket.naver.com/

질문 6 이모티콘 제안 시 저작권 침해나 표절 의혹은 어느 정도 체크되나요?

카카오는 이모티콘 서비스의 저작권 보호를 위해 제안 플랫폼인 '카카오 이모티콘 스튜디오' 내에 윤리, 저작권 필수 지침을 갖추고 엄격한 가이드를 하고 있습니다.

타인의 상품에 저작권 침해 여지가 있거나 표절 의혹이 있는 콘텐츠, 또 아래 저작권 관련 내용에 해당하는 경우나 윤리 저작권 필수 지침에 명시한 사항이 아니더라도 카카오가 부적절하다고 판단하는 이모티콘에 대해서는 입점이 불가하며, 입점된 이후에도 판매가 중단될 수 있어요. 정성껏 만든 콘텐츠가 불미스러운 이슈로 판매 종료되지 않도록 상품을 제작할 때 다음과 같은 사항을 주의하셔야 해요.

저작권 관련 주의 사항

❶ 저작권법상 보호받는 영상저작물의 인기 장면 혹은 짤을 트레이싱할 경우 저작권 침해 가능성이 있습니다.

❷ 타인이 촬영한 사진을 트레이싱할 경우 저작권 침해 가능성이 있습니다.

(단, 사진 자료를 참고하더라도 실질적 유사성이 없는 경우는 트레이싱 논란에서 자유로울 수 있으나, 원작 사진을 연상할 수 있을 정도라면 침해 판단의 기준이 됩니다)

❸ 개인의 초상, 용모, 성명 등을 이용하여 상업적인 이익을 취할 경우 초상권과 퍼블리시티권에 관한 문제가 발생할 수 있습니다.

❹ 상용 폰트를 무단 사용하는 것을 금합니다. 이모티콘 제작 시 합법적으로 라이선스를 확보한 폰트만을 사용하되, 당 폰트의 사용 가능 범위가 인쇄물 외에도 웹과 모바일 영역에서 사용 가능한지 반드시 확인해주세요.

질문 7 이모티콘 심사 및 상품화 과정에 특별한 과정도 있나요?

카카오 이모티콘 스튜디오를 통해 들어온 제안의 심사와 상품화 과정에 있어, 우수한 제안들을 빠르게 시장에 출시하는 우수상품특별제도인 "FAST TRACK"이라는 새로운 정책이 2017년 7월 도입되었어요.

첫째, 상품성이 우수한 상품으로, 이전 상품 이력 혹은 유사 상품의 비교를 통해 시장 가능성이 우수할 것으로 예상하는 상품과, 둘째, 독창성이 우수한 상품으로, 새로운 시장 트렌드를 이끌 것으로 예상되는 상품을 1~1.5개월 이내 상품화 완료하는 제도가 있습니다. 기간 내 상품화가 완료되지 않을 경우, 향후 적용 대상에서 제외될 수 있는데 보통 제작 완료 후 2주 이내 출시됩니다.

제한하고 있습니다. 제안 전 반드시 확인하세요.

질문 9 이모티콘 제안 프로세스를 정리해주세요.

질문 8 이모티콘 제안 전 확인해야 할 내용은 무엇인가요?

카카오에서 확인을 필요로 하는 사항은 다음과 같아요.

카카오톡에 이모티콘 제안 시 확인 사항

❶ 카카오톡 대화 속에서 쓸 수 있어야 해요

채팅방에서 사용할 수 있도록 다양한 상황과 감정을 표현하여 제작해주세요.

❷ 누가, 언제, 어떻게 쓸지 생각해요

1:1대화, 그룹대화, 연인 사이, 친구 사이, 직장동료 등 누가, 언제, 어떻게 사용할지 미리 생각해요.

❸ 상품 특성에 맞게 제작해주세요

멈춰 있는 이모티콘은 메시지를 명확하게, 움직이는 이모티콘은 움직임을 잘 활용해주세요.

❹ 모바일 화면에서 잘 보여야 해요

복잡한 이미지는 잘 보이지 않아요. 이모티콘 영역(360×360px)을 잘 활용하여 제작해주세요.

❺ 새롭고 개성 있게 제작해주세요

비슷한 이모티콘이 아닌, 새로운 메시지와 다양한 표현의 이모티콘을 제안해주세요.

❻ 저작권과 윤리 지침을 꼭 확인하세요

저작권 침해, 윤리 및 비즈니스 위반을 포함한 가이드 외의 부적절하다고 판단되는 경우 승인을

카카오톡 이모티콘 제안 프로세스

❶ 이모티콘 이미지 제작

제작 가이드에 맞춰 24개의 이모티콘 이미지를 제작해주세요. 움직이는 이모티콘 혹은 멈춰 있는 이모티콘을 선택 후 제안하세요.

❷ 심사 결과 대기

전문 심사위원들이 공정하고 꼼꼼한 심사를 진행합니다. 심사는 약 2주간 소요되며, 특정 기간에는 다소 늦어질 수 있습니다.

❸ 심사 결과 확인

심사 결과는 승인과 미승인으로 안내됩니다.

❹ 이모티콘 상품화

승인된 제안을 바탕으로 이모티콘 판매를 위한 최종 상품화 작업을 진행합니다.

❺ 이모티콘 출시

카카오톡을 비롯한 다양한 카카오 서비스에서 이모티콘이 출시됩니다.

감사의 글

작은 그림인 이모티콘 하나가 저와 제 아들의 인생을 바꾸는 터닝포인트가 되었습니다. 이모티콘을 만든 이후 저는 더 많은 웃음을 전할 수 있게 되었고, 또 더 많이 사람들을 살피고 관찰하게 되었습니다. 이 책을 통해서 '이모티콘을 만드는 게 생각보다 어렵지 않네' '나도 해볼 수 있겠어'라고 생각하신다면 제겐 큰 기쁨이 될 거예요.

이번 기회에 여러분의 타고난 재능을 발견하고 가까운 지인부터 수많은 이모티콘 사용자들이 즐기는 이모티콘을 만들게 된다면 얼마나 멋진 일일까요? 좋아서 그린 그림이 휴대전화 화면 속 이모티콘이 되고, 또 수입이 되어준다면 얼마나 신나는 일일까요?

'난 안 될 거야'라는 편견과 포기를 버리고 인생을 바꿀 수 있는 기회를 잡아보세요. 저의 노하우가 여러분의 시작에 가능성의 날개가 되어줄 수 있기를 바랍니다. 이제 이 책에 나와 있는 내용들을 참고하셔서 여러분의 열정에 불을 붙여보시기 바랍니다. 여러분이 직접 만든 이모티콘 만날 날을 기대할게요. 파이팅! 응원을 전하며…….

특별히 《읽으면 진짜 이모티콘으로 돈 버는 책》을 만드는 데 큰 힘이 되어준 단짝 친구 민선에게 고마움을 전합니다.

임선경 무릎이

구상부터 출시까지 카카오톡 A급 작가의 4주 특강

읽으면 진짜 이모티콘으로 돈 버는 책

초판 1쇄 발행 2018년 3월 16일 초판 10쇄 발행 2022년 2월 28일

지은이 임선경
펴낸이 이승현

편집2 본부장 박태근
W&G 팀장 류혜정
본문 디자인 나이스 에이지

펴낸곳 ㈜위즈덤하우스
출판등록 2000년 5월 23일 제13-1071호
주소 서울특별시 마포구 양화로 19 합정오피스빌딩 17층
전화 02) 2179-5600 홈페이지 www.wisdomhouse.co.kr